AF402168

PRÉCIS

DE LA

GYMNASTIQUE MODERNE,

ET APPLICATION DE CET ART

AUX DEVIATIONS DE LA TAILLE,

au développement des forces, etc., etc.

OUVRAGE IMPORTANT POUR LES FAMILLES ET POUR LES PERSONNES
CHARGÉES DE L'ÉDUCATION DE LA JEUNESSE.

Par Jh. Pinette,

Auteur de l'École du tirailleur, de la Gymnastique militaire, d'un Traité d'escrime
Membre de l'Académie royale et chevalière de Saint-Michel,
ET DIRECTEUR DU GYMNASE DE L'OBSERVATOIRE.

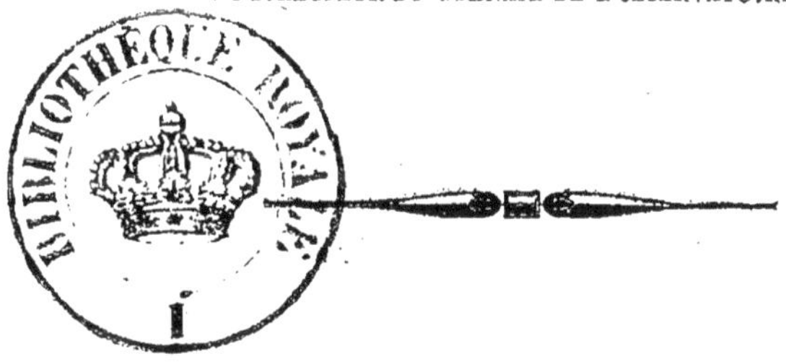

PARIS,

IMPRIMERIE ET LIBRAIRIE MILITAIRE DE GAULTIER LAGUIONIE,
rue Dauphine, n° 36, dans le passage.

ET AU GYMNASE DE L'OBSERVATOIRE, RUE D'ENFER, N°99.

1842.

Imprimerie de Casse et Cⁱᵉ.—H. Labarre, rue Christine, 2.

AVANT-PROPOS.

La gymnastique est la science des exercices auxquels on soumet le corps pour en régler les mouvements, pour en augmenter les forces, l'agilité et la stabilité. Ces exercices sont propres à corriger les difformités, à prévenir un grand nombre de maladies ou à en arrêter les progrès, c'est-à-dire à améliorer la santé et prolonger la vie.

Mais malheureusement pour l'humanité, bien des personnes ne se font encore qu'une très faible idée de tout ce qui peut résulter d'une gymnastique bien dirigée, et c'est pour faire connaître ces avantages que nous publions cette brochure ; d'ailleurs ce sont des faits que nous allons exposer, faits qui sont connus par un grand nombre de médecins et par toutes les personnes qui fréquentent le Gymnase de l'Observatoire. Ainsi nous traiterons successivement de la gymnastique moderne, de la constitution, de la force, de l'habitude, du tempérament, de l'âge, du sexe, des exigences des études, des inconvénients du corset, des difformités de la taille, et de la méthode, en rapportant à l'appui de notre manière de voir à cet égard, plusieurs observations de sujets guéris par les exercices gymnastiques dans le Gymnase de l'Observatoire.

La justice nous commande de déclarer ici que la gymnastique médicale, publiée par M. Charles Londe, nous a fourni des matériaux précieux pour expliquer nos idées.

PRÉCIS

DE

GYMNASTIQUE MODERNE.

<hr>

CHAPITRE PREMIER.

Considérations générales sur la gymnastique moderne.

Séparer l'éducation des sens externes et des membres de l'éducation du cerveau, c'est évidemment agir en sens inverse des lois de la nature, c'est détruire l'harmonie primitive qu'elle a établie entre toutes les parties de l'individu, c'est mutiler l'homme; c'est mettre obstacle à sa félicité. Rien de plus beau, sans doute, que de former le moral de l'enfant, rien de plus grand que de développer en lui par de bons exemples et de sages avis, le germe de toutes les vertus civiques, de donner à son tendre intellect la faculté de saisir les impressions les plus délicates, et d'acquérir la plus grande somme de connaissances possible; mais aussi quoi de plus ridicule, disons mieux, de plus barbare, que de le priver, en lui donnant la faculté de sentir, de celle de réagir? A quoi me serviront, en effet, ces forces étonnantes que vous aurez concentrées sur l'organe central de

1.

la sensibilité, et exaltées sur le principe même des volitions, si le reste languissant de mon organisation manque d'énergie pour obéir à ma volonté? Suis-je né pour sentir et agir, ou pour éprouver le sort affreux et désespérant de ces fabuleuses Hamadryades, qui, pour me servir des expressions de M. le professeur Richerand, placées inamoviblement dans les arbres des forêts, supportaient, sans pouvoir les éviter, tous les coups portés à leur champêtre demeure. Plaçons donc le remède à côté du mal, et si nous rendons nos corps plus sensibles en exaltant et en perfectionnant l'organisation du cerveau, donnons-leur en même temps les moyens de se mettre à l'abri des impressions qui ne sont pas en harmonie avec leur sensibilité. Imitons en cela la nature, qui, passant de l'organisation du végétal à celle de l'animal, ne donne à ce dernier les moyens de sentir les agents qui l'environnent, qu'en lui fournissant en même temps des armes contre les impressions fâcheuses que ces agents pourraient exercer sur lui; cependant un enthousiasme ridicule ne m'aveugle pas. Loin de moi la prétention de faire un sauvage de l'homme civilisé, de faire des athlètes de jeunes gens que les destinées et les intérêts appellent à d'autres genres de gloire qu'à celle des combats. Que les parents se rassurent à cet égard, les exercices du gymnase n'ont plus pour but l'apprentissage du maniement d'armes meurtrières, ce n'est plus pour y faire des sauts périlleux et des tours de force que le gymnase doit fleurir, mais bien pour frayer aux générations futures de nouvelles voies de salut. Dans ces utiles établissements, l'énergie physique et morale que l'homme y acquiert est toujours appliquée au bonheur de ses semblables; tous les ressorts d'une noble émulation s'y déploient à l'envi. Les sentiments généreux y germent et s'y développent, la force physique et l'adresse leur prêtent un noble

appui, et ce concours mutuel et simultané de leviers physiques
et moraux n'attend plus que l'occasion pour exécuter les plus
grandes choses, les plus belles actions. Et de combien d'hommes
n'a-t-il pas fixé l'attention, ce problème important de la réunion
de l'éducation physique à l'éducation intellectuelle? Cette vérité
a enfin été démontrée par l'expérience d'un grand nombre de
médecins, qui sont demeurés convaincus que tous les anneaux
qui composent la chaîne des facultés de l'homme doivent être
réunis, et qu'ils doivent être perfectionnés ensemble; que c'est
dans les mêmes enceintes que doivent être versées les richesses
de l'intelligence et développées les facultés du corps. Que n'en
doit-il pas résulter pour le bonheur de l'homme? Au lieu d'une
génération délicate, mobile, épouvantée par les moindres diffi-
cultés, irritée des plus légers obstacles, abattue par les moindres
affections, livrée à l'esclavage des besoins avilissants du luxe,
nous aurons une génération forte au physique comme au moral;
prémunie contre les dangers auxquels nous exposent toutes les
conditions de la vie; douée de franchise et de fermeté dans le
caractère, de constance, de présence d'esprit et de courage, en
un mot, digne en tout des mœurs héroïques de l'antiquité. Nous
verrons alors disparaître sans retour tous les abus qui résul-
taient dans nos anciens colléges, de la transgression continuelle
des règles de l'hygiène, et la jeunesse délivrée des entraves ap-
portées à l'exercice des fonctions les plus importantes de l'économie, n'aura plus à redouter pour l'âge mûr des infirmités
puisées dans une éducation vicieuse. L'homme adulte que la
culture des lettres ou tout autre état astreint à une vie sédentaire,
trouvera aussi dans les gymnases un délassement salutaire, et
pourra, sans rougir, suivre l'exemple de Cicéron et de tant de
génies dont nous admirons encore les immortelles productions.

Mais arrêtons-nous. C'est, au reste, à des pinceaux plus exercés que les nôtres, qu'il est réservé de rendre avec l'expression convenable tout l'éclat que vient de jeter sur les méthodes nouvelles le fanal resplendissant de la philosophie. Hâtons-nous donc de rentrer dans notre domaine, et considérons sous le point de vue purement prophylactique l'influence qui résulte des exercices pratiqués dans les gymnases.

Les premiers essais de ces établissements que, depuis l'invasion des barbares, on a vu reparaître en Europe, ont été faits à Schnefental, en Saxe, en 1786, dans l'institut de M. Salzmann, institut célèbre, que soutint de son crédit et éclaira de ses lumières le savant conseiller Gultsmuths. Depuis cette époque, les gymnases se sont multipliés dans la Suède, la Prusse, le Danemark, l'Allemagne et la Suisse. Le vénérable Pestalozzi, auquel la morale la plus pure et les qualités les plus éminentes ont mérité le surnom de Socrate de l'Helvétie, MM. Fellenberg, Jahn et Clias, ont enfin réduit en pratique et fortifié par les plus heureux succès, les belles théories depuis longtemps conçues par les hommes les plus éclairés. La France agitée pendant les temps qui viennent de s'écouler, du délire brûlant des conquêtes, était seule et pour la première fois restée stationnaire au milieu de cet élan général des nations policées ; et la gymnastique dirigeant son vol rapide par-delà les Pyrénées, allait, comme pour punir les Français de l'oubli dans lequel ils la laissaient ensevelie, porter ses bienfaits chez un peuple auquel la situation climatérique et politique devait faire craindre de s'en voir à jamais privé. Déjà en effet, le conseiller Amoros dirigeait en Espagne, avec les plus grands succès, un institut fondé d'après les principes de Pestalozzi, et Madrid recueillait sous Charles IV le fruit des travaux

de l'homme d'État philanthrope, auquel était confiée l'éducation
de la jeunesse. Mais la terre de gloire, un instant fatiguée des
triomphes militaires, et convalescente à peine des épreuves
qu'elle avait subies, préludait dès lors à sa régénération civile et
politique, et les descendants des Francs et des Germains devaient
retrouver à la fois dans les institutions modernes, et les vertus
de leurs pères et les siècles heureux de la brillante antiquité.
Quelques essais d'exercices gymnastiques furent tentés, en l'an
1817, dans l'Institut académique des Nations européennes à
Paris, et M. Amoros, devenu citoyen français, s'empressa d'offrir à sa nouvelle patrie le fruit de ses veilles et de son expérience. Ce fut enfin sous la protection réunie du gouvernement
et de quelques hommes généreux qui sentaient toute l'importance d'une telle institution, que l'on vit s'élever le premier
gymnase français. C'est donc d'après les principes de M. le co-
lonel Amaros que nous allons tracer ici la méthode suivie dans
le Gymnase de l'Observatoire. Dans l'exposition de cette méthode, nous nous sommes principalement attaché à bien observer
ce qui a rapport à l'âge, au sexe, à la constitution des élèves, et à cet effet nous avons établi une classe spéciale d'exercices
distincts pour les dames. Mais avant d'entrer dans ces détails,
j'ai cru nécessaire de dire un mot relativement aux applications
heureuses que l'on peut faire de la gymnastique à la constitution,
à la force, à l'habitude, au tempérament, à l'âge et au sexe
de différents sujets.

CHAPITRE DEUXIÈME.

Applications.

I. Constitution. Si l'assemblage des parties principales qui composent l'individu est tel, qu'aucune d'entre elles n'ait sur les autres de prédominance native ou acquise, l'exercice sera dirigé de manière à entretenir cette régularité; mais s'il en est autrement, ce sera alors les parties les moins développées dont il faudra solliciter l'action. Ce procédé effacera l'irrégularité des formes, et leur rendra cette harmonie qui constitue le beau.

II. Force.—Les exercices actifs doivent être proportionnés à la force de l'individu. Je ne veux pas dire à la force de la fibre musculaire (car cette proposition conduirait à faire prendre le plus d'exercice à celui qui en a le moins besoin), mais à la force générale de tous les organes, aux dépenses qu'ils peuvent faire en faveur des actions musculaires, sans que ce *diverticulum* des forces vitales puisse épuiser la source de ce qui est nécessaire à l'intégrité des fonctions. Ainsi, les constitutions, les tempéraments, les âges et les sexes, chez lesquels les forces locomotrices seront très inférieures aux forces assimilatrices, auront moins à redouter l'épuisement des matériaux que celles-ci leur apprêtent, et pourront prendre plus d'exercice que les individus qui, à raison des conditions opposées, jouissent d'une organisation assimilatrice très faible, mais chez lesquels la puissance musculaire est portée à un haut degré, et susceptible de grands efforts.

L'exercice passif, dont l'effet est de maintenir les forces locomotrices dans des mesures inférieures aux forces nutritives,
étant soumis à des conditions inverses, offrira donc à ces der-
niers sujets les avantages contraires. Tandis que les exercices
mixtes, qui ne réclament qu'une quantité médiocre de la force
destinée aux actions musculaires, et dont l'influence se porte
dans une égale proportion sur les organes des deux vies, seront
mis en usage dans le cas où les organes de nutrition et de rela-
tion étant doués d'un développement égal, il ne s'agit plus que
de maintenir dans cette juste mesure l'accroissement de la force
totale de l'économie.

III. Habitude.—L'habitude doit apporter certaines modifi-
cations dans l'emploi des exercices. Elle a, en effet, pour premier résultat de rendre ceux-ci plus faciles, et pour second
résultat de les rendre plus nécessaires. Est-ce par une sorte de
développement exclusif des parties qui servent aux mêmes actes
que l'habitude les rend plus faciles ? Je le pense, et ne je pourrais
guère expliquer autrement cet effet. Cependant, tel élève du
gymnase jouit d'une force totale moins considérable que tel
autre ; la force partielle de ses bras est également moindre, et
cependant il répète, en se jouant, pendant des heures entières,
tous les exercices du portique, dont son camarade, plus fort que
lui, ne peut, à cause du défaut d'habitude, pratiquer les deux
ou trois premiers sans être hors d'état de continuer. Voici, je
pense, ce qui se passe dans ce cas : tel mouvement nécessite dans
les muscles qui en sont les agents, un changement quelconque
de rapport : or ce changement (abstraction faite de la somme
des forces acquises par les muscles) devient d'autant plus facile
que les causes qui établissaient entre les muscles le rapport pri-

mitif, finissent par être effacées après un certain nombre de répétitions du même mouvement.

L'habitude rend, nous avons dit, les exercices plus nécessaires. Ce fait est incontestable. Un homme passe une grande partie de sa vie dans les travaux corporels les plus pénibles; une fortune moins contraire le met à même de quitter tout à coup son genre de vie, bientôt il est accablé d'une foule d'infirmités, et il ne parvient à s'en délivrer qu'en recourant à ses premières habitudes. Qu'arrive-t-il dans ce cas? C'est que les facultés vitales longtemps distribuées aux muscles ou dissipées par l'effet des répétitions du mouvement, viennent tout à coup, par leur présence insolite, entraver les fonctions des organes peu habitués à cette superfluité. Il est donc de la plus haute importance de tenir compte de l'influence qu'exerce l'habitude sur la plupart de nos fonctions, dans l'application des exercices physiques au développement, au perfectionnement du corps.

IV. TEMPÉRAMENT BILIEUX —Le bilieux, caractérisé par la sécheresse et l'extrême rigidité de la fibre, par l'énergie et la vivacité des fonctions digestives, circulatoires, respiratoires, sécrétoires, etc., doit faire usage d'un exercice très modéré et soutenu, plutôt propre à régler qu'à accélérer la marche déjà très rapide des fonctions.

V. TEMPÉRAMENT LYMPHATIQUE.—Ce tempérament, caractérisé par la pléthore des absorbants, par la laxité des solides, par une lenteur absolue des fonctions vitales, et cependant par une grande énergie et une grande irritabilité du système lymphatique, réclame impérieusement les exercices actifs pratiqués en été, sur des lieux élevés dans un air sec, sous un ciel brûlant.

VI. Tempérament sanguin.—Le sanguin, que caractérise un teint coloré, des muscles fermes, sans être ni secs ni durs, des fonctions exécutées avec facilité, etc., doit faire un usage constant des exercices actifs dans toutes les saisons, dans tous les climats.

VII. Le tempérament nerveux, caractérisé par une exaltation extrême de la sensibilité, par un tact exquis, par une habitude grêle, par une exaspération excessive, un épanouissement de sentiment et une facilité de perception portés au suprême degré, réclame les exercices les plus soutenus.

VIII. Le tempérament nervosobilieux, avec une exaltation des qualités affectives (*mélancolique*), produite par une disposition particulière de l'ancéphale, ordinairement primitive, souvent développée par des affections morales tristes, quelquefois entretenue par une extrême susceptibilité des viscères abdominaux, susceptibilité qui n'est que l'effet et non la cause de la disposition cérébrale, dans certain cas au moins, caractérisé pour l'ordinaire comme le précédent, par une habitude grêle et par tous les signes du tempérament bilieux, etc., doit faire usage des exercices très modérés, les varier et les rendre agréables.

CHAPITRE TROISIÈME.

Des Ages.

L'exercice convient parfaitement à tous les âges.

I. ENFANCE.—L'enfant nous annonce par l'extrême mobilité que vient de lui imprimer la nature, le besoin pressant de mouvement que son organisation réclame. Ne semble-t-il pas, en effet, que l'exercice soit destiné à rétablir le défaut d'équilibre qui existe dans l'enfance entre le développement prodigieux du système sensitif et la grande faiblesse du système moteur? N'est-ce pas d'ailleurs dans la grande liberté de se mouvoir accordée aux enfants, qu'on doit trouver une des causes principales de cette forte constitution dont jouissent, le reste de leur vie, ceux d'entre eux qui longtemps ont habité la campagne? L'exercice qui convient le mieux à l'enfant est celui qu'on lui laissera prendre sur une natte ou sur un vaste tapis étendu par terre. Que sur cette espèce d'hippodrome, le petit athlète s'agite tout nu, qu'il s'exerce de lui-même en se tournant et retournant à sa fantaisie; bientôt il trouvera des forces dans la série des efforts généralement répartis sur tous les muscles, à l'aide desquels il se soulève et se redresse. En peu de temps, ses reins et ses membres acquerront de la souplesse et de l'agilité. C'est enfin en se servant continuellement de ses forces qu'il s'en procurera de nouvelles et saura devenir adroit.

On peut envoyer les enfants au gymnase à sept ans, et l'exercice qu'on leur fera faire, consistera en mouvements modérés selon le tempérament, la constitution, le sexe, la force naturelle, etc.; mais cela ne veut pas dire pourtant que, confiés à des mains fidèles un grand nombre d'entre eux ne puissent y être conduits beaucoup plus tôt.

II. ADOLESCENCE.—A l'âge de la puberté, l'exercice actif attire dans les membres, et pour leur profit, ces principes vivifiants dont un nouveau mode de sensibilité dirigeait déjà la marche impétueuse vers les organes reproducteurs et respiratoires. Et cette époque si inquiète de la vie, dans laquelle des émotions indéfinissables prennent soudain la place des joies bruyantes de l'enfance, trouve dans les exercices soutenus et actifs une égide protectrice contre les traits mortels de la volupté.

III. AGE ADULTE.—Dans l'âge adulte, l'exercice offre l'avantage de distribuer dans les membres les forces de la vie, que nos pernicieuses habitudes concentrent continuellement sur certains organes, et notamment sur ceux de l'abdomen. L'exercice actif ou passif, selon le tempérament de l'individu, est d'autant plus nécessaire pour combattre cette direction vicieuse des phénomènes vitaux, qu'à cette époque les pièces du squelette, ayant acquis toutes leurs dimensions, ne détournent plus pour leur accroissement une certaine quantité de sucs nutritifs, et qu'une partie de ceux-ci devient alors superflue dans l'économie.

IV. VIEILLESSE.—Dans la vieillesse, l'exercice est utile pour délivrer les principales fonctions, et surtout les fonctions digestives, de ce sentiment de gêne et de travail dont elles sont accompagnées à cet âge. N'est-ce pas ce moyen hygiénique qui vient ranimer la chaleur dans les corps glacés, qui facilite la libre circu-

lation des fluides, et conserve à nos vieux guerriers ce sentiment
de bien-être et de vigueur, qui les fait se croire encore invincibles à
l'instant où la faux de la mort interrompt le récit animé de
leurs anciens exploits? Et chez les hommes de lettres qui ont
eu le bonheur d'atteindre à cet âge, quels moyens peuvent,
avec plus de succès, s'opposer à l'irruption des forces vers l'en-
céphale, conserver dans les organes moteurs le degré de ton
nécessaire aux fonctions, et tenir en haleine l'action des mouvements réparateurs, que la juste compensation des travaux d'esprit, par les exercices du corps? Nous ne spécifierons pas ici,
quelle classe d'exercices est convenable aux vieillards, car bien
que leurs forces décroissantes aient besoin d'être économisées
pour leur conservation, les exercices n'en doivent pas moins
être subordonnés à la constitution et au tempérament des individus; et si, par une crainte déplacée et sous prétexte de ména-
ger les forces, on exempte des travaux un peu actifs auxquels
ils étaient habitués, ces vieillards qui, malgré leur âge, conser-
vent encore une disposition pléthorique bien caractérisée,
l'apoplexie sera le résultat infaillible de cette infraction faite
aux règles hygiéniques, aux lois naturelles.

CHAPITRE QUATRIÈME.

Des Sexes.

Il existe entre l'organisation de l'homme et celle de la femme
une différence manifeste et indépendante de toute espèce d'institution. Cette différence se fait même remarquer dès cet âge
tendre où les organes qui distinguent les sexes sont encore dans

l'enfance. On la trouve, et chez les nations civilisées et chez les peuples dans la constitution desquels nos coutumes sociales n'ont encore apporté aucune modification. La différence dont il s'agit ne va pas cependant aussi loin que nous pourrions l'imaginer, si nous n'avions à comparer à l'homme, que ces idoles fragiles et délicates élevées au sein du luxe énervant de nos vastes cités, où elles semblent étouffées sous le poids de tout genre de jouissance.

Examinons donc l'homme et la femme formés par une même éducation, nous les verrons alors plus rapprochés par leur constitution physique et leurs penchants moraux. Considérons cette Américaine, encore sauvage, non moins intrépide que les valeureuses guerrières du Tanaïs, partageant les périls et les travaux de son compagnon, errant comme lui au milieu des forêts, et y disputant à ses côtés, contre les animaux les plus féroces, tantôt la misérable hutte qui doit les garantir des injures du temps, tantôt quelques pièces de gibier dont ils veulent faire leur nourriture. Jetons les yeux sur cette active et laborieuse villageoise, brunie par les feux du soleil et endurcie aux travaux de Cérès et de Triptolème, et nous serons bientôt convaincus que l'habitude des mêmes exercices parviendra, non pas à détruire la variété que la nature elle-même a voulu établir entre les deux sexes, mais, au moins à diminuer cette différence immense qui existe entre la femme et l'homme, différence à laquelle ont donné naissance, pour le malheur de la première, les coutumes des nations modernes, si enorgueillies du degré de civilisation qu'elles croient avoir atteint. La femme, exclue de toute espèce d'exercice, doit-elle donc être réduite aux occupations sédentaires, et nos frêles citadines, passant leur printemps dans les langueurs de l'oisiveté, jouiront-elles d'une santé plus constante? Ce n'était pas l'opinion du législateur de Sparte; bien pénétré de l'influence dangereuse d'une vie inactive, même chez les femmes, il voulut qu'elles prissent les mêmes exercices que les hommes. Je veux bien croire qu'il avait pour but principal de donner à la république des nourrices capables d'élever de robustes guerriers; mais j'aime à lui supposer aussi l'intention non moins louable d'écarter des Lacédémoniennes une infinité de maladies, dont il voyait les femmes accablées dans les autres pays. Puisque chez les femmes, comme chez les hommes, l'inaction physique et la mollesse sont une des causes de cette irritabilité de l'organe sensitif, de cette facilité étonnante à percevoir les impressions de toute espèce, éloignons de cet organe et dirigeons vers ceux de la locomotion ce superflu de vie qui exalte ses propriétés. Rendons également moins redoutables, par des exercices appropriés, ces deux époques, éloignées l'une de l'autre, et à chacune desquelles la circulation, dépassant ou restreignant ses limites ordinaires, semble subitement régie par des lois nouvelles.

L'utilité des exercices corporels étant reconnue, tant pour la femme que pour l'homme, pourrons-nous indiquer quels sont ceux dont la première devra faire usage; dirons-nous que les exercices passifs sont plus appropriés au sexe féminin, parce que son système locomoteur plus faible se prête moins aux exercices actifs? Nous ne saurions partager cette opinion. Nous ne prétendons pas non plus, partisan outré des lois lycurgiennes, exiger du sexe le plus faible ces luttes pénibles qui donnant tout à coup aux muscles un grand développement font disparaître ces contours élégants, que forme l'expansion du tissu lamineux;

nous sommes même très fort d'avis que des mouvements modérés conviennent mieux aux femmes, mais aussi nous pensons
que ceux-ci doivent être choisis comme pour les hommes, parmi
les exercices actifs, passifs ou mixtes, d'après les constitutions et
les tempéraments.

Que l'on se rassure, les femmes auront toujours au physique
un degré de faiblesse suffisant pour conserver leurs grâces naturelles, à l'exception cependant qu'elles les auront développées
et augmentées par des exercices bien dirigés et appropriés à
leur sexe. D'ailleurs, la disposition de leurs formes, leur beauté,
les rendront toujours des objets d'admiration, alors qu'elles
auront cessé, en diverses circonstances, d'être des objets inutiles.

Il est affreux pour une mère, et c'est un motif de désespoir et
d'éternel malheur pour une femme, que de voir périr dans un
fleuve, dans les flammes, ou de quelque autre manière analogue,
des êtres qu'elle chérit, des êtres issus de son sang, et que par
une bonne éducation physique, elle eût pu se mettre à même
d'arracher à la mort, à moins que d'insurmontables obstacles ne
l'en eussent empêchée : au lieu de cela, et faute d'une éducation
physique convenable, qu'arrive-t-il? Poussée souvent par l'a-
mour de la famille, par un courage impuissant, par un héroïsme
fatal, elle s'élance vers la victime et disparaît en même temps!…

Ensuite, comment peut-il naître robuste, l'enfant que recèle
un sein agité par les continuels ou fréquents frémissements de la
crainte? Que l'on se représente ce prince que toute arme blanche
effrayait; il avait apporté, dit-on, cette terreur du sein de sa
mère, épouvantée à la vue de cette même arme. L'enfant tient

2

évidemment plus de sa mère que de son père. Les femmes ont donc besoin de tout le développement de leurs forces physiques et morales; car plus leur organisation générale sera faible, plus celle de l'homme tendra vers la dégénérescence.

Mais comment conduit-on l'enfance des femmes? On soigne leur délicatesse, ou plutôt on entretient leur faiblesse; en leur montrant un danger où il n'y en a pas, on les façonne à la pusillanimité, comme si cela pouvait ajouter à leurs grâces naturelles.....

CHAPITRE CINQUIÈME.

Funeste résultat des exigences des études sous le rapport de la santé.

Parmi les vices de notre système d'éducation, on peut mettre en première ligne, les exigences des études des enfants qui, assis et immobiles à une table pendant treize heures de la journée, ne peuvent avoir qu'une existence chétive et souvent abrégée; voyez, en effet, ce qui se passe dans l'économie, lorsque le cerveau est plongé dans une méditation profonde; les sens externes et les muscles sont dans le repos, la respiration est contenue et rendue tellement imperceptible qu'on la croirait suspendue, les battements du cœur sont à peine sensibles, la circulation capillaire et la calorification semblent ne plus exister qu'au cerveau; les fonctions des viscères abdominaux sont arrêtées et perverties; c'est un état d'oubli, je dirai presque de mort, pour les fonctions les plus utiles de l'animal. Suivez avec quelque contension d'esprit le fil d'une idée, cherchez avec effort à en donner le développement, puis tout à coup étudiez, s'il vous est possible, l'état dans lequel vous a jeté l'activité de cette opération intellectuelle; comparez ensuite cet état à celui auquel aura donné naissance une série d'actions musculaires exécutées avec vigueur, vous apprécierez alors quelle influence nuisible l'exercice exclusif du cerveau doit avoir sur l'action des mouvements organiques et la parfaite régularité de leurs produits. L'exercice des facultés intellectuelles est-il porté à un certain degré; tout languit dans l'économie, hors le cerveau et les organes qui s'associent à son action, et si les parties en activité acquièrent un surcroît de développement, les autres éprouvent une diminution manifeste. La nutrition est moins active, moins puissante, la force musculaire, et plus encore celle des organes qui président à toutes les fonctions assimilatrices, se perdent avec une promptitude surprenante : si les muscles avaient été préalablement très développés par l'exercice, ils perdent avec leur volume la fermeté qui les caractérisait, le tissu cellulaire lui-même s'affaisse par la diminution survenue dans la sécrétion de la graisse; la susceptibilité morale est portée à l'extrême, et l'équilibre entièrement rompu entre l'influence cérébrale et la force matérielle des organes. Cependant, nous ferons observer que nous tenons ici seulement compté des funestes effets qu'entraînent après eux les exercices du cerveau longtemps continués, et que nous passons sous silence les affections encéphaliques et toutes ces maladies qui les compliquent d'ordinaire.

Cette jeunesse de qui on exige de sérieuses études a besoin, plus que d'autres sujets, d'une gymnastique bien raisonnée et faite pour contre-balancer les fatigues du travail de l'esprit: or, faciliter les effets de la croissance, améliorer l'état des jeunes filles qui passent péniblement de l'enfance à l'âge de la puberté, combattre la marche impérieuse des organes reproducteurs, et détourner les traits empoisonnés de la volupté, voilà ce que nous nous proposons de faire en faveur de cet âge si intéressant!

Enfin, si on veut que les enfants aient une bonne constitution, jouissent d'une santé bien établie, et puissent à l'âge de la puberté remplir utilement leur vie, il faut que, dès leurs premières années, on les soumette à des exercices assez variés pour disséminer les forces vitales, et assez soutenus pour les étendre.

Un seul genre d'exercice, la promenade, par exemple, ne suffit pas à l'entretien ou au rétablissement de la santé. En se promenant, on n'exerce que les extrémités inférieures; les bras peuvent malgré cela rester grêles, les reins faibles, la poitrine serrée; les digestions peuvent être lentes; le cœur, le foie peuvent fonctionner mal; le sang peut se diriger d'habitude avec trop d'abondance vers un des organes essentiels à la vie, le surexciter ou l'engorger, et en ralentir l'action. Ainsi se développent, malgré la promenade, des maladies fort graves, qui, nous ne saurions trop le répéter, sont prévenues ou dissipées gar des exercices variés et bien entendus.

⚬⚬⚬

CHAPITRE SIXIÈME.

Inconvénients du Corset.

Les femmes sont dans l'erreur, lorsqu'elles s'imaginent que la beauté des formes et le maintien du corps sont les résultats d'un corset bien serré ; ce préjugé prédomine d'une telle manière dans les grandes villes, que les mères se croient forcées de mettre leurs filles, dès l'âge de huit ans, sous la compression barbare de la baleine ou de l'acier. D'ailleurs, malgré les récriminations des philosophes, malgré la voix toute puissante de la nature, qui s'élève chaque jour contre les usages absurdes du corset, l'on veut que les jeunes filles brillent et plaisent sous un accoutrement ridicule qui paralyse leurs mouvements, fait disparaître leurs contours élégants et leur fraîcheur.

Certes, si les mères connaissaient les graves accidents et les funestes résultats d'une compression de la taille, elles se garderaient bien de faire faire usage du corset à leurs filles ; car il est bon qu'elles sachent que sur cent jeunes personnes qui se serrent la taille, il y en a vingt-cinq qui meurent de la poitrine, quinze à la suite du premier accouchement, vingt-cinq qui deviennent difformes ou infirmes, et trente-cinq qui n'ont qu'une existence maladive.

Voici, au reste, l'opinion des plus célèbres médecins sur les inconvénients qui sont le résultat de la mode insensée de se serrer la taille : ce sont eux qui parlent.

La compression exercée chez les femmes à l'aide d'un corset a des inconvénients graves. Son action s'étend à deux cavités très importantes. D'abord, les mamelles sont comprimées ; de là, un développement moindre et l'aplatissement des mamelons. Souvent on leur imprime une direction plus ou moins contraire à celle qu'elles doivent avoir ; de là leur allongement, leur flaccidité précoce.

Les seins dont le développement commence avec la quator

zième ou la quinzième année, demandent, pour s'élever, qu'aucune pression ne les contrarie, et si chez beaucoup de jeunes filles leur apparition est nulle ou tardive, les corsets en sont la cause. C'est un bouton flétri avant de naître.

La glande mammaire a été atrophiée dès l'enfance, et avec elle le tissu élastique qui l'enveloppait comme d'un léger coton, et qui n'attendait plus pour s'arrondir que l'impulsion de la puberté. En même temps, la partie inférieure de la poitrine est contenue par une constriction circulaire, les côtes ne peuvent plus s'élever dans l'inspiration; les fonctions de la respiration sont incomplètes, d'où difficulté de respirer, toux, dispositions à l'hémoptysie, aux anévrismes. Ce n'est pas tout encore, l'abdomen est aussi comprimé, et d'autant plus fortement qu'il est chargé de plus d'embonpoint. Quels en sont les résultats? Les articulations de la colonne vertébrale et des os du bassin sont privées de mouvement, ce qui peut amener la paralysie, les déviations de la taille, et rendre les accouchements impossibles; il y a un surcroît de gêne dans la respiration, par la diminution de l'action du diaphragme; la circulation est embarrassée, et se fait mal dans l'aorte ventrale et les veines caves inférieures, ce qui donne lieu momentanément à des syncopes, et, à la longue, au développement de varices, siégeant sur les extrémités inférieures. Enfin, l'estomac est soumis à cette pression prolongée, ainsi que tout le tube intestinal; aussi l'appétit est faible et promptement satisfait, les digestions laborieuses, les irritations gastriques habituelles.

Si les femmes chargées d'embonpoint ne mettaient des corsets que pour maintenir les parties molles, et si, en place de baleine et d'acier, elles avaient des élastiques en caoutchouc, les inconvénients de la compression de la taille deviendraient moins nombreux et moins graves; mais que d'accidents ne doivent pas résulter de cette compression absurde, surtout chez les jeunes personnes dont la constitution faible encore, cède aux causes les plus légères? En effet, si un corset presse sur une partie jusqu'à produire la douleur, la poitrine se déjette du côté opposé pour éviter la souffrance de cette position, qui n'est plus naturelle. Cet état, ou s'entretient par la cause de la douleur qui est permanente, ou devient habitude, et produit ainsi une déviation qui s'aggrave ensuite d'elle-même, et d'après les lois physiologiques qui seront expliquées au chapitre des déviations.

Mais les difformités ne sont pas les suites les plus graves des corsets, leur usage peut changer en moins d'une année le tempérament d'une jeune personne; au surplus, nous sommes convaincu de tout ce que nous avançons, car nous avons dans notre établissement un bon nombre de sujets difformes, qui ne doivent leur triste situation qu'à l'usage d'un vêtement qui fait peine à nommer.

Plusieurs de ces déviations ont déjà été guéries dans notre gymnase, en combattant la première cause, exerçant les parties faibles, et ensuite en augmentant la force musculaire qui vaut mieux que toutes les baleines et les accoutrements ridicules que l'on nomme corsets.

Parlons maintenant des jeunes personnes qui font usage d'acides pour diminuer leur taille, leur embonpoint, et pour avoir un teint blême ; cela se fait probablement par ignorance. Car en voici les inconvénients. Si l'acide acétique qu'elles emploient est pur, comme le vinaigre de bois, par exemple, celui-ci ingéré dans l'estomac, cautérisera la muqueuse qui tapisse cet organe ; la portion absorbée, portée dans le torrent de la circulation, rendra le sang moins homogène par la coagulation de sa portion albumineuse ; il agira donc comme un véritable poison.

Lorsque le vinaigre sera étendu d'eau, son usage répété altérera peu à peu les digestions en rétrécissant le calibre des vaisseaux qui tapissent la muqueuse digestive, en rétrécissant l'orifice des cryptes muqueux et celui des vaisseaux absorbants et exhalants ; il modifiera peu à peu également le sang, en diminuant les proportions des alcalis qui sont nécessaires à sa constitution normale.

Le résultat de ces deux façons d'agir sera toujours la perte de la santé des jeunes personnes, dans une période plus ou moins longue, qui dépendra de la concentration et de la dose journalière du vinaigre dont elles font usage. C'est une opinion commune partagée par tous les médecins que l'abus des acides à l'intérieur détermine d'abord l'altération des digestions, cause première de la maigreur qui en est le résultat, et enfin des gastrites incurables qui entraînent les individus au tombeau.

D'ailleurs, quoi de plus barbare, disons mieux, de plus criminel, que de vouloir détruire ce que Dieu a fait pour le bonheur de l'espèce humaine. En donnant à la femme une constitution robuste, il a voulu la soustraire à tous les maux qui désolent son sexe ; mais vous, femmes, sachez donc que vous portez dans votre charpente osseuse les organes de la perfection du Créateur du monde, et si vous comprimez ces organes, vous êtes coupables de l'infraction faite à son œuvre, et plus encore la société vous demandera compte de la triste situation dans laquelle vous l'aurez plongée par votre insouciance à cet égard.

Le corset ne fut pas de tout temps un vêtement indispensable pour les femmes : les Grecques, les Romaines et les dames du moyen âge, ne portèrent que des camisoles et des robes faites en peignoir, légèrement serrées au-dessus des hanches au moyen d'un cordon, d'un ruban ou d'une chaîne ; d'autres se servaient de bandes d'étoffe sur lesquelles elles étalaient leur luxe et leur richesse, et cependant l'on changeait les modes à l'infini, mais jamais elles ne comprimaient aucune partie de leur corps ; aussi voyait-on chez ces femmes une taille élégante, remplie de grâce et de souplesse, unie à une constitution forte et robuste et à des proportions harmonieuses ; tout leur physique enfin nous présentait le type du beau, le type parfait d'une femme, et elles étaient en outre étrangères à toutes les maladies qui désolent aujourd'hui notre société.

Le corset prit son origine en 1385, pour cacher les difformités de la taille, et pour soutenir le torse des femmes corrompues par les vices. Isabeau de Bavière fut la première qui en porta ; ce vêtement nous conduisit à l'usage des *corps*, espèces d'étui d'une seule pièce où se moulait, suivant les formes adoptées par la mode, le buste des femmes, en quittant ses proportions naturelles. Ce ne fut que vers le milieu du dix-huitième siècle, que la mode, cédant à l'empire de la raison, s'écarta du ridicule de ces formes factices, pour s'approcher du beau naturel des femmes grecques, qui avaient conservé dans leurs costumes une aisance qui n'altérait en. rien leurs grâces ; mais, en 1810, la coquetterie des femmes fut poussée à l'extrême, et l'on chercha de nouveau dans les formes du corps des moyens séducteurs. Alors des hommes insensés, voulant la faiblesse des femmes pour en faire des esclaves de leurs besoins, leur firent croire que les corsets étaient du bon ton et décidaient de tout leur extérieur. Aussi, depuis cette époque, on a fait d'une jeune fille qui pouvait devenir une beauté, une abeille ou bien une poupée décolorée et sans mouvement.

Je conçois très bien que beaucoup des femmes qui ont eu le bonheur de survivre à une pareille violation des lois de l'hygiène, ont tellement modifié leur charpente osseuse et affaibli leurs muscles, qu'elles ne peuvent plus maintenant, sans corset, maintenir leur torse dans sa rectitude naturelle, et qu'elles ont besoin de tuteurs pour soutenir leur corps débile ; dans cette circonstance, je les engage à ne plus serrer leur taille, à prendre une nourriture tonique et de l'exercice.

Quant aux jeunes filles, il faut entièrement leur défendre l'usage du corset ; c'est dans une robe bien faite que l'on pourra remarquer leurs grâces et leur beauté. Si la tailleuse veut bien confectionner l'habillement des femmes, qu'elle se donne la peine de lire ce chapitre, d'examiner les formes et les mouvements d'une femme bien faite et elle pourra faire ressortir alors même dans une toilette simple, les charmes et l'essence d'une Vénus nouvelle.

Toutes les robes ajustées doivent prendre la forme du corps, toujours sans comprimer le buste et laisser la liberté aux articulations des épaules et des bras avec les avant-bras. Les seins doivent rester dans leur état normal, et être soutenus dans leur position, au moyen de goussets pratiqués dans la doublure du corsage; cette doublure doit être d'une étoffe solide; elle sera détachée de la robe sur la partie antérieure du corps, et agrafée en cet endroit avant de fermer la robe.

Pour les robes non ajustées, on pourra faire usage d'une ceinture de maintien, en observant de ne comprimer aucune partie du corps, et j'ajouterai de plus que les jeunes filles ne doivent nullement en porter jusqu'à dix-huit ans; enfin, les personnes qui voudront connaître la forme de cette ceinture pourront s'adresser au Gymnase de l'Observatoire, où l'on en conserve un modèle bien fait.

Enfin, pour que les familles puissent se rendre compte de la beauté de la nature, qui ne veut être contrariée dans aucune circonstance, nous leur exposons ici le buste de deux créatures, l'une qui n'a jamais fait usage du corset, et l'autre que ce dernier a précipitée au tombeau.

La figure I représente une demoiselle qui a voulu être mince au delà du vœu de la nature, et a moulé sa taille dans un corset.

La figure II nous montre la triste position de sa charpente osseuse qui a été examinée après sa mort.

Les figures III et IV représentent la Vénus de Médicis qui, à juste titre, est considérée comme une des plus parfaites expressions de la beauté d'une femme; le squelette laisse voir les os dans leur position naturelle.

CHAPITRE SEPTIÈME.

Difformités de la Taille.

Pour mettre les familles et les personnes chargées d'élever des enfants, à la portée d'une juste appréciation de la méthode gymnastique suivie dans le gymnase de l'Observatoire, et pour qu'elles puissent bien juger des causes les plus communes des déviations de la taille, nous allons leur donner ici quelques idées d'anatomie et de statique humaine qui leur sont indispensables pour bien les comprendre.

Le corps doit sa forme à une charpente osseuse presque inerte, sur laquelle viennent se grouper tous les organes de nos fonctions. Outre cet usage général, les os en ont un autre, ils servent au mouvement. Alors, ils sont des leviers unis entre eux, par des ligaments fibreux, et mus par une puissance qui est la chair. La chair est répandue sur les os en forme de faisceaux qu'on appelle muscles, et qui se fixent à eux par leurs extrémités. Les muscles sont doués d'une force qu'ils acquièrent en se contractant à leur centre; par elle, ils rapprochent l'un de l'autre leurs points d'insertion, entraînent les os auxquels ils se fixent, et produisent ainsi les mouvements.

C'est la force musculaire qui, dans la plupart des cas, détermine les déviations.

Sur le tronc, chaque moitié du corps a, dans l'état normal, une puissance égale, répartie entre les muscles égaux et opposés qui produisent les mouvements latéraux ; considérée d'avant en arrière, la disposition des muscles n'est plus symétrique, l'ensemble de leurs forces est seulement à peu près équivalent.

Maintenant que nous connaissons cette disposition anatomique, nous allons expliquer un phénomène très simple de déviation de la taille, et l'idée que nous aurons conçue de sa fonction, pourra se rattacher à tous les cas en général.

Un enfant fait dans quelques mois une croissance considérable. Dans ce cas, il est un ordre invariable de développement du système organique, qui fait que les os reçoivent avant les muscles l'impulsion vitale d'accroissement, et pendant qu'ils augmentent en longueur, les muscles stationnaires les suivent par un allongement passif qui n'a lieu qu'aux dépens de leur épaisseur. Ils se trouvent donc ainsi affaiblis dans une circonstance où, par l'effet de l'augmentation rapide des os en volume et en poids, ils ont des résistances plus considérables à vaincre ; ainsi, cet enfant que je prends pour exemple paraît avoir maigri ; il a perdu son agilité, ses forces ; il est dans un état de faiblesse qui approche de la maladie, jusqu'à ce que les os, s'arrêtant dans leur accroissement, laissent les muscles se développer à leur tour.

Mais ce développement des muscles est lent et ne se fait pas toujours d'une manière régulière. Un muscle du côté gauche de la poitrine, par exemple, croîtra moins en force que celui qui lui correspond du côté droit ; or, comme pour qu'il y ait rectitude du tronc, il faut que leur action soit égale; cette condition d'égalité n'existant pas, les os sont entraînés à droite, où la traction est plus forte et la déviation commence.

Alors augmente encore la supériorité de puissance du muscle droit sur le muscle gauche, puisque le premier se raccourcit et que l'autre s'allonge. Toute la partie du corps située au-dessus du point où a lieu cette traction, s'incline du même côté : si cette première inclinaison est légère, la déviation reste simple; mais si elle est trop forcée, l'enfant, sentant son corps tomber involontairement du côté droit, s'efforce par ses positions de le ramener à sa rectitude primitive. Alors, les muscles du côté gauche, situés au-dessus de la difformité, acquièrent par l'effet de la volonté une puissance plus grande que celle du droit; l'inégalité précédente n'en existe pas moins, mais le tronc se renverse à gauche, sans que la première obliquité à droite ait été corrigée.

Voilà donc deux déviations dont la première est cause de la seconde, et celle-ci en entraîne souvent une troisième; ce qui a lieu dans la plupart des cas, quand on laisse la maladie parcourir tranquillement ses périodes.

La courbure de la colonne épinière précède presque toujours la difformité de la poitrine; et quelle que soit la région de cette cavité où la déviation ait lieu, elle réside le plus souvent dans une incurvation anormale de l'épine.

Pour faire un tableau des phénomènes qui se passent dans ces cas, supposons d'abord deux directions dans lesquelles la tige

vertébrale puisse se dévier : l'une est latérale, c'est-à-dire,
partant du centre du corps pour se porter en dehors, à droite
ou à gauche; l'autre se fait d'avant en arrière, ou réciproque-
ment.

Dans les incurvations latérales, comme les côtes se fixent aux
vertèbres par leurs extrémités postérieures, et partent de ces
points pour former autour de la cavité pectorale des arcs de cer-
cle plus ou moins grands, et séparés entre eux par les espaces
intercostaux, il résulte de cette disposition deux phénomènes
de déplacement dans les côtes. Ceux de ces os qui correspondent
à la cavité de la courbure accidentelle de la colonne vertébrale,
se rapprochent entre eux jusqu'à se toucher presque par leurs
points latéraux plus éloignés du centre. Du côté de la convexité,
au contraire, ces mêmes points s'écartent, et les espaces intercostaux augmentent d'autant plus d'étendue que la déviation décrit
un arc moins long et plus courbé.

La poitrine a donc de ce côté plus de hauteur qu'elle n'en a
du côté opposé. Allons plus loin, et suivons les conséquences de
cette inégalité de hauteur.

Les épaules, qui sont le point d'union des bras au corps, sont
appliquées à la partie supérieure, postérieure et latérale de la
poitrine. Elles sont principalement formées par un os, l'omoplate, maintenu en position par des muscles qui le fixent aux
côtes, et par la clavicule qui l'attache au sternum.

L'omoplate suivra donc les côtes dans leur déplacement; il
s'élèvera du côté où la colonne sera saillante, et il s'abaissera du
côté où elle sera concave.

Voilà la cause de l'inégalité d'élévation des épaules que l'on observe très communément dans les déviations latérales ; cette inégalité, dès qu'elle existe, est un signe presque certain de déviation des vertèbres. Mais quand elle a disparu, il ne faut pas croire que l'incurvation de l'épine se soit pour cela redressée ; il peut se faire, au contraire, que le rétablissement du niveau des épaules ait été produit par une seconde courbure qui s'est opérée en sens inverse de la première, et qui a égalisé l'élévation des omoplates.

Dans ces cas, la colonne vertébrale a perdu beaucoup de sa hauteur. La poitrine est courte et ramassée, les côtes suivent les ondulations de la colonne épinière ; tout le corps a cet extérieur rachitique qui se décèle jusque dans l'expression de la physionomie.

Dans les incurvations de l'épine en avant ou en arrière, le tronc déformé présente un caractère différent.

Les côtes sont moins déplacées, on ne remarque plus dans les régions latérales de la poitrine, ces incurvations et ces saillies prononcées. Le thorax est comme aplati de haut en bas, et la colonne, en se baissant, pour ainsi dire, sur elle-même, réagit, à l'aide des côtes, sur le sternum qui, par son organisation spongieuse et molle, et par la faiblesse du support que lui donnent les cartilages qui le joignent aux côtes, prend toutes sortes de dispositions vicieuses.

Les sujets chez qui la déviation de la colonne affecte cette direction, présentent souvent des gibbosités en avant et en arrière, et sont les plus contrefaits des victimes du rachitisme.

Nous avons exposé les phénomènes qui se passent à la suite de la courbure de l'épine, dans deux directions principales. Entre ces deux directions, il en est une foule d'autres que peut prendre la colonne en se déformant. Il n'est pas rare de la voir chez le même sujet se tordre en des sens différents; c'est ce qui explique le grand nombre d'inflexions du tronc que l'on observe dans les difformités de la taille si communes à Paris!...

Ainsi, nous pouvons juger actuellement de l'influence que peuvent avoir, dans le développement de ces difformités, les positions vicieuses que 'prennent, par l'habitude, les jeunes personnes. Quand une prédisposition naturelle existe déjà, une de ces habitudes devient bientôt cause déterminante, comme il arrive pour les jeunes filles à constitution faible, qu'on laisse se livrer sans réserve à un art ou à un travail qui demande de l'application et une attitude inclinée.

Nous devons signaler ici une erreur dans laquelle il est facile de tomber, et qui expose les enfants à recevoir des observations ou des réprimandes qu'ils ne méritent pas. Il arrive assez souvent, en effet, que les positions vicieuses qu'ils prennent sont nécessitées par une déviation commençante encore inaperçue, parce qu'on n'y porte pas attention, et qu'on ne manque pas d'attribuer, dés qu'elle devient sensible, à la manière habituelle de se tenir, maintien, cependant, dont elle est, au contraire, la cause. Quand on s'abandonne à cette erreur, on s'occupe uniquement de corriger l'habitude, on néglige la cause véritable qui devient de plus en plus puissante; et on ne doit en réalité, alors, la gravité de la maladie qu'à une mauvaise interprétation des symptômes : c'est ce qui arrive malheureusement trop souvent dans toutes les affections morbides qui affligent l'espèce humaine en général.

Si les parents ou les personnes qui ont été chargées de soigner les jeunes années de ces intéressantes créatures, eussent eu un peu de prévoyance, si elles eussent eu l'idée de la possibilité d'une déviation, elles auraient demandé des conseils à des hommes de l'art, et quelques moyens préservatifs des plus simples, tels que les exercices qui tendent à fortifier les parties du corps les plus faibles, une nourriture tonique, des soins relatifs à la bonne tenue et un coucher horizontal pour la nuit, auraient fait disparaître cette tendance aux difformités, tendance qui, n'étant pas contrariée, a parcouru tout son développement, toutes ses périodes.

Nous concevons encore qu'on n'ait pas pu prévoir que ces difformités devaient avoir lieu; mais elles ont eu un début, et bien que leur nature et leurs causes soient très variées, toutes ont été légères en commençant; or, c'est cette réflexion qui fait peine, car si elles eussent été prises dès le principe, quelques moyens, tels que ceux que nous avons indiqués plus haut, les eussent arrêtées dans leur accroissement d'une manière presque certaine.

Dans le plus grand nombre des cas, en effet, les os eussent pris leur position naturelle, et dans les circonstances les plus malheureuses, la continuation de ces moyens aurait au moins arrêté ces déviations au degré de difformité où nous ne pouvons que les ramener, en les améliorant par un traitement gymnastique très long.

Nous avons aussi de ces jeunes enfants chez lesquels les déviations ne font que commencer, et nous les guérissons en peu de temps, en combattant les prédominances constitutionnelles et exerçant telle ou telle partie de leur corps, plutôt que telle autre;

de manière à donner, par le développement de la force musculaire, plus de puissance au côté qui paraît faible, c'est-à-
dire à la partie opposée à l'inclinaison des os. Cela ne veut pas
dire qu'il en soit toujours ainsi. Je me fais, au contraire, un
devoir de déclarer à cette occasion que, dans tous les cas où une
lésion organique ou fonctionnelle bien prononcée existe, le traitement médical devient un préliminaire indispensable; et c'est
ici le lieu de dire que la médecine doit opérer avant la gymnastique.

Mais, par malheur, les parents des enfants ont souvent de
l'insouciance pour ces difformités, qui surviennent sans cause
apparente ou grave. Dans le monde, on les considère comme
des arrêts de développement, auxquels l'âge viendra promptement remédier. Et cette erreur, qui se berce d'une espérance
trompeuse, se continue avec le progrès de l'âge qui aggrave
cependant d'une manière sensible le mal auquel il devrait amener
un terme; c'est alors, quand le développement s'est achevé,
quand la déviation est arrivée à ce qu'elle doit avoir de plus
difforme, quand la nature ne peut plus offrir à l'art aucune
assistance, c'est alors, dis-je, qu'on s'inquiète, qu'on emploie, de
sa propre inspiration, ou par des conseils empiriques, des moyens
qui sont toujours insuffisants quand ils ne sont pas contraires; et
l'on vient, en dernier lieu, confier à la science le soin d'une
guérison constamment difficile, et souvent sans espoir de
succès. Pour n'en citer qu'un exemple : c'est ainsi que, pour la
scrophule en particulier, on n'a recours aux hommes spéciaux,
aux hommes de l'art, que lorsqu'il est bien prouvé qu'il n'y a
plus de guérison possible, à cause de l'épuisement total des
forces vitales de l'infortuné malade,

CHAPITRE HUITIÈME.

Résumé de la méthode suivie au Gymnase de l'Observatoire et observations à l'appui.

Maintenant que nous connaissons les conditions qui doivent motiver, exclure, diversifier ou autoriser l'emploi des exercices dans les diverses circonstances de la vie, nous allons parler de la méthode adoptée dans notre gymnase.

Lorsqu'un élève se présente au gymnase pour y suivre les cours, nous prenons en note d'abord son âge, le lieu où il est né, sa taille, le poids de son corps, son tempérament et sa force musculaire : nous nous assurons de l'état de cette dernière à l'aide d'un dynamomètre, en lui faisant exercer une pression de la main droite, de la gauche et des deux ensemble contre la poitrine ; enfin nous terminons cet examen par une traction des reins.

Ces renseignements nous sont indispensables pour bien connaître nos élèves, afin de les exercer de manière à mettre de l'équilibre entre toutes les parties de leur corps, et proportionner ainsi les exercices, selon qu'il convient à chacun d'eux.

Les commémoratifs que nous venons d'indiquer sont inscrits sur un grand livre ; d'après eux, nous pouvons faire des expériences comparatives et en constater les résultats.

Lorsque le professeur exerce un élève en séance particulière, on lui donne un bulletin sur lequel est indiqué le genre et la durée des exercices auxquels l'élève doit être soumis, et après chaque séance, il doit rendre compte de ses progrès, et signaler sur son bulletin l'état de l'élève pendant la leçon.

Les exercices sont divisés en trois classes : la première comprend les exercices élémentaires et préparatoires ; la deuxième, les exercices d'équilibre et d'agilité ; la troisième, les exercices de régularité et de force ; ces exercices, au nombre de 650, sans y comprendre l'escrime, la danse et l'équitation, peuvent être variés et multipliés à l'infini , et c'est au directeur du gymnase de les diriger convenablement et d'observer les conditions qui, d'ailleurs, sont toujours dictées par l'état actuel de la personne qui doit être soumise à l'exercice, et par les circonstances dans lesquelles elle est placée.

Nous ferons remarquer aussi que nous avons cru convenable que les dames fussent exercées par des personnes de leur sexe, c'est pour cette raison que dans le gymnase de l'Observatoire, les jeunes personnes sont exercées par des dames. Nous ne craignons pas de dire que nous croyons non-seulement très inconvenant, mais pernicieux, pour certaines d'entre elles, qu'elles soient exercées par des hommes ; d'abord, les leçons de gymnastique, données par des hommes à des demoiselles, sont bien différentes des autres leçons, car il est très difficile, je dirai même impossible, à un professeur qui s'occupe avec zèle de ses élèves, de donner ses leçons sans les toucher par le tronc, et, dans certains cas, pour éviter un accident, de choisir un endroit convenable pour les retenir, ce qui peut produire sur certaines personnes de désagréables sensations, et sur le moral des autres, une liberté ridicule. D'ailleurs, une femme exécute toujours mieux que les hommes ces mouvements simples et gracieux qui n'appartiennent qu'à son sexe, et n'est point étrangère à bien des petites investigations qui sont de son domaine exclusif; elle sait exclure en outre tous ces mouvements de force, qui donnant tout à coup aux muscles un fort développement, font disparaître les traits et les contours élégants du beau sexe.

Afin de mieux faire comprendre les principes suivis dans le gymnase de l'Observatoire, nous allons exposer ici quelques observations de sujets qui ont été guéris dans cet établissement.

Ire OBSERVATION (N° 101 DU GRAND LIVRE).

Mademoiselle L. B.

Mlle B*** éprouva, dès l'âge de dix ans, des douleurs de tête, de l'oppression, une gêne dans la respiration, de violents battements de cœur, une toux continuelle. Après avoir épuisé, pendant trois ans, les ressources de la médecine, sans aucun succès, cette enfant nous fut confiée par M. le docteur Vasseur.

L'état de la malade nous a déterminé à lui faire exécuter graduellement les exercices suivants :

1º Mouvement des bras, pour assouplir les articulations et ouvrir la poitrine.

2º Marches et courses, afin de développer la résistance à la fatigue.

3º Suspensions par les mains, monter aux échelles, grimper aux perches et aux cordes, pour augmenter la force des muscles du tronc et régulariser les mouvements.

4º Marcher sur des poutres horizontales et inclinées, qu'on élève successivement et par gradation au-dessus du sol, pour donner du maintien, faire disparaître les vertiges et la crainte que ce genre d'exercice fait éprouver.

Mais pour arriver à lui faire exécuter ces divers mouvements, nous avons dû employer tous les moyens possibles, afin de vaincre chez elle une nonchalance et une mauvaise volonté très marquées pour la gymnastique.

Enfin, trois mois après son entrée dans l'établissement, on vit disparaître tous les symptômes qui avaient causé de vives inquiétudes à ses parents, et au bout de dix-huit mois de travail, elle exécuta avec une facilité étonnante tous les exercices du portique, et parcourut en vingt minutes un espace de quatre mille deux cents mètres.

Tableau comparatif de mademoiselle **L. B.**

1ᵉʳ AVRIL 1838.	31 JANVIER 1840.
Née à Paris,	Née à Paris,
âgée de 13 ans,	âgée de 13 ans,
taille, 1 mètre 27 centimètres,	taille 1 mètre 49 centimètres,
poids du corps, 20 kilogrammes,	poids du corps, 49 kilogrammes.
visage blème,	visage coloré,
yeux bleus,	yeux,
cheveux blonds	cheveux,
tempérament lymphatique,	tempérament,
force de la main droite, 1 kilog.	force de la main droite, 12 kilog.
—— de la main gauche, 0,	—— de la main gauche, 12 kilog.
——des deux mains ensemble, 4 kilog.	—— des deux mains ensemble, 28 kil.
—— de la poitrine, 0,	—— de la poitrine, 47 kil.
—— des reins, 0.	—— des reins, 57 kil.

IIᵉ OBSERVATION (Nᵒ 102 DU GRAND LIVRE).

Mademoiselle P. J.

Cette jeune personne nous fut envoyée par M. le docteur Descuret. Dès sa première leçon nous l'examinâmes; elle nous représentait une enfant rachitique. Sa tête était presque continuellement penchée vers l'épaule droite, et une inclinaison avec saillie se prononçait à la région dorsale; les quatre premières vertèbres de cette région formaient une projection en arrière et à gauche; le reste de l'épine se prolongeait par une courbe insensible vers la droite : en sorte que l'épaule gauche était un peu plus haute que la droite. En outre, la poitrine était bombée, le creux de l'estomac avait disparu, la saillie formée par l'abdomen se continuait par une ligne courbe, peu sensible avec la saillie formée par la poitrine. Le sein gauche était plus saillant que le sein droit. Le sternum avait subi un léger mouvement de rotation sur son axe, de gauche à droite, et il semblait projeter un peu de ce dernier côté.

Lorsque la jeune personne qui fait le sujet de cette observation, se présenta au gymnase, pour la première fois, elle était affectée d'une toux sèche presque continuelle, accompagnée de gêne de la respiration, et par moment de palpitations. La pression même la plus légère était douloureuse sur les apophyses épineuses des quatre vertèbres déviées. Elle fut guérie cependant par un simple traitement gymnastique, dont tous les mouvements avaient pour but principal de rétablir le thorax dans son état normal, comme suspensions par les deux mains à une barre horizontale, et sur un mât dorsal, extensions et flexions des bras en haut et en arrière, etc.

Tableau comparatif de mademoiselle P. J.

1er AVRIL 1838.	15 AVRIL 1841.
Née à Paris.	Née à...
âgée de 6 ans.	âgée...
taille, 1 mètre 6 centimètres.	taille, 1 mètre 14 centimètres.
poids du corps, 20 kil.	Poids du corps, 22 kilog.
visage blême.	visage peu coloré.
yeux noirs.	yeux.
cheveux noirs.	cheveux.
tempérament nerveux.	tempérament.
force de la main droite, 0.	force de la main droite, 3 kilog.
—— de la main gauche, 0.	—— de la main gauche, 3 kilog.
—— des deux mains ensemble, 0.	—— des deux mains ensemble, 10 kil.
—— de la poitrine, 0.	—— de la poitrine, 20 kilog.
—— des reins, 0.	—— des reins, 25 kilog.

IIIe OBSERVATION (n° 103 DU GRAND LIVRE).

Monsieur T. C.

Par suite d'une chute sur le bras droit, ce jeune homme se luxa l'humérus à l'extrémité inférieure de cet os, et se fractura l'apophyse olécrane. Le repos, pendant le traitement, avait pour ainsi dire paralysé le bras, et pour le ramener à son état normal, M. le docteur Sédillot conseilla aux parents du jeune homme de lui faire faire de la gymnastique. Voici le genre d'exercices qu'on lui fit exécuter graduellement une heure par jour.

Exercices préparatoires pour les extrémités supérieures, ou mouvements très modérés d'extention, de flexion, d'oscillation, de rotation et de suspension par les mains.

Enfin au bout de trois mois, il avait recouvré l'usage de son bras, et il exécutait tous ces mouvements avec beaucoup de facilité. Ce jeune homme prit ensuite goût pour la gymnastique, et il est devenu depuis un élève des plus adroits de l'établissement.

Tableau comparatif de monsieur T. C.

1er AVRIL 1838.	15 SEPTEMBRE 1840.
Né à Paris.	Né à
âgé de 12 ans.	âgé de 15 ans,
taille, 1 mètre 33 centimètres.	taille 1 mètre 48 centimètres,
poids du corps, 30 kilogrammes.	poids du corps 40 kilogrammes,
visage blême.	visage un peu coloré,
yeux bleus.	yeux,
cheveux blonds.	cheveux,
tempérament nerveux.	tempérament,
force de la main droite, 0	force de la main droite 13 kilog.
—— de la main gauche, 5 kilog.	—— de la main gauche 12 kilog.
—— des deux mains ensemble, 0	—— des deux mains ensemble 31 kil.,
—— de la poitrine 0,	—— de la poitrine 70 kilog.,
—— des reins 0,	—— des reins 62 kilog.,
—— du poing droit 0, ..	—— du poing droit 80 kilog.,
—— du poing gauche.	—— du poing gauche 55 kilog.

IVe OBSERVATION (N° 106 DU GRAND LIVRE).

Mademoiselle V. D.

Par suite de l'usage d'un corset serré à outrance, cette jeune personne éprouva, à l'époque de l'établissement des fonctions utérines, de l'oppression, des palpitations, une gêne dans la respiration, une toux sèche, des douleurs de tête, des accès d'hystérie, puis il survint un relâchement dans les ligaments des vertèbres lombaires et dans tous les muscles du tronc; enfin la poitrine devint douloureuse à gauche et plus tard à droite.

La malade ne pouvait garder d'autre attitude que celle d'être assise ou couchée, le haut du corps était penché à droite de telle manière que le coude droit touchait le milieu de la cuisse de ce côté et la tête était fortement inclinée vers l'épaule. Debout, soutenue sous les aisselles, en plaçant les épaules de niveau, la malade éprouvait des douleurs insupportables à l'extrémité supérieure du fémur droit et sur toutes les vertèbres lombaires et dorsales. En la plaçant en supination sur un plan horizontal, elle éprouvait les mêmes douleurs qu'étant debout. Dans cette circonstance voici le mode de traitement auquel la malade fut soumise.

1° Marcher au pas ordinaire pendant cinq minutes, le bras droit appuyé sur l'épaule du professeur qui en marchant élevait graduellement le bras et l'épaule de la malade.

2° Après chaque leçon, qui durait une heure, la malade était placée dans un fauteuil, l'épaule et la tête soutenues graduellement pour leur faire prendre une bonne position.

3° Coucher pendant la nuit en supination sur un lit dur placé horizontalement sans oreiller ni traversin, exercer une légère traction sur la tête et sur le bassin, les épaules étant maintenues par des épaulettes.

4° Suspension par les mains à une barre horizontale, prenant un point d'appui avec les pointes des pieds sur le sol et ensuite sans point d'appui.

5° Suspension par les mains, le dos appuyé sur un plan incliné de trente degrés.

6° Balancer le corps suspendu par les mains au trapèze.

7° Monter au haut d'une échelle, passer dessous et en descendre par les montants à l'aide des mains.

8º Suspension par les mains et les pieds dans les barres paralèles, le corps en pronation.

9º Se tenir sur les mains dans les barres parallèles, les bras allongés le long des cuisses; imprimer au corps des mouvements d'oscillation, et transporter le corps d'un bout des barres à l'autre.

10º Monter à l'échelle par les montants à l'aide des mains sans balancer le corps, et grimper au haut d'une perche.

Enfin tous ces exercices avaient pour but de ramener la colonne dorsale, les fausses côtes dans leur état normal, et de fortifier les muscles du tronc.

La figure V de la lithographie ci-jointe donne une idée de la difformitée du sujet avant son entrée au gymnase et la figure VI représente le même sujet après un traitement de huit mois.

Nous ferons remarquer que cette jeune personne est devenue parfaitement droite, mais qu'elle a continué de prendre des leçons de gymnastique pendant deux ans.

Tableau comparatif de mademoiselle **V. D.**

6 JANVIER 1840.	15 SEPTEMBRE 1840.
Née à Paris,	Née à
âgée de 17 ans 4 mois,	âgée de 18 ans,
taille, 1 mètre 45 centimètres,	taille, 1 mètre 55 centimètre
poids du corps 50 kilogrammes,	poids du corps, 52 kilog.
visage blême,	visage,
yeux gris,	yeux,
cheveux châtain clair,	cheveux châtain foncé,
tempérament nerveux,	tempérament nerveux,
force de la main droite, 9 kilog.	force de la main droite, 15 kilog.,
——de la main gauche, 7 kilog.	——de la main gauche, 15 kilog.,
——des deux mains ensemble, 25 kil.,	——des deux mains ensemble, 37 kil.,
——de la poitrine, 30 kilog.,	——de la poitrine, 45 kilog.,
——des reins, 20 kilog.	——des reins, 67 kilog.

Ve OBSERVATION (N° 107 DU GRAND LIVRE).

Mademoiselle J. B.

Cette enfant, continuellement malade, après avoir épuisé les ressources de la médecine, nous fut confiée par ses parents. Voici ce que nous avons pu remarquer chez elle alors : une dépression existait au côté gauche du sternum et des cartilages des côtes moyennes gauche avec un refoulement du poumon du même côté. Il est probable que le poumon gauche et le cœur avaient été refoulés en même temps à droite et en haut. Quoi qu'il en soit, nous avons obtenu un redressement complet de l'incurvation latérale de l'épine, au moyen d'une gymnastique très modérée, de quelques bains, et d'un coucher dur et horizontal.

La figure VII nous représente le sujet à son entrée au gymnase, et la figure VIII nous représente sa poitrine après huit mois de leçons particulières, dont la durée était de deux heures par jour.

Tableau comparatif de mademoiselle **J. B.**

6 DÉCEMBRE 1839.	15 AOUT 1840.
Née à Paris,	Née à
âgée de 8 ans 4 mois,	âgée de
taille 1 mètre 10 centimètres,	taille 1 mètre 18 centimètres,
poids du corps 23 kilog.	poids du corps 25 kilog.
visage blême,	visage un peu coloré,
yeux bleus,	yeux,
cheveux châtains foncé,	cheveux,
tempérament nerveux,	tempérament,
force de la main droite 0,	force de la main droite 4 kilog.,
—— de la main gauche 0,	—— de la main gauche 4 kilog.,
—— des deux mains ensemble 0,	—— des deux mains ensemble 9 kil.,
—— de la poitrine 0,	—— de la poitrine 14 kilog.,
—— des reins 0.	—— des reins 20 kilog.

VIe OBSERVATION (N° 108 DU GRAND LIVRE).

Monsieur J. P.

A la suite d'une maladie de trois mois, M. J. P. avait grandi de vingt centimètres; aussitôt on s'aperçut qu'il avait perdu sa gaieté et son agilité, ses muscles étaient réduits presqu'à rien, sans consistance, sans énergie, à peine pouvait-il se supporter sur ses jambes, enfin il nous fut envoyé le 29 septembre 1839, et en dix mois il devint fort et robuste.

Tableau comparatif de monsieur J. P.

29 SEPTEMBRE 1839.	11 JUILLET 1840.
Né à Paris,	Né à
âgé de 16 ans 2 mois,	âgé de 17 ans,
taille 1 mètre 66 centimètres,	taille 1 mètre 66 centimètres,
poids du corps 50 kilog.	poids du corps 70 kilog.,
visage blême,	visage,
yeux bleus,	yeux,
cheveux blonds,	cheveux,
tempérament lymphatique,	tempérament,
force de la main droite 9 kilog.,	force de la main droite 19 kilog.
—— de la main gauche 8 kilog.,	—— de la main gauche 18 kilog.,
—— des deux mains ensemble 25 kil.,	—— des deux mains ensemble 45 kil.,
—— de la poitrine 45 kilog.,	—— de la poitrine 85 kilog.,
—— des reins 40 kilog.,	—— des reins 90 kilog.,
—— poing droit 35 kilog.,	—— poing droit 74 kilog.,
—— poing gauche 30 kilog.	—— poing gauche 70 kilog.

Je terminerai cet opuscule en rappelant à mes concitoyens, à tous les amis de mon pays, que les plus grandes nations de la terre ne se sont élevées et ne se sont maintenues au plus haut point de grandeur, de civilisation et de gloire que par la plus rigoureuse observation des lois physiques et morales, qui appartiennent à toutes les époques et à tous les temps! Lois éternelles, à l'observation desquelles la gymnastique se propose surtout d'accoutumer de bonne heure la jeunesse des deux sexes.

C'est ainsi que, en s'efforçant de transmettre à la postérité un leg durable de force et de vertu, cet art tutélaire ambitionne de contribuer autant que possible au perfectionnement et à l'amélioration de la race humaine.

F.I.

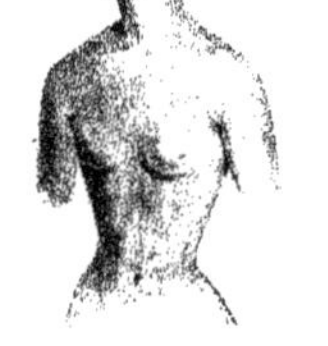

Cette Figure représente une Demoiselle
qui est morte par suite de la Compression
de la Taille.

F.III.

Cette Figure représente la Vénus de médicis qui
à juste titre, est considérée, comme une des plus
parfaites expressions de la beauté d'une femme.

F.V.

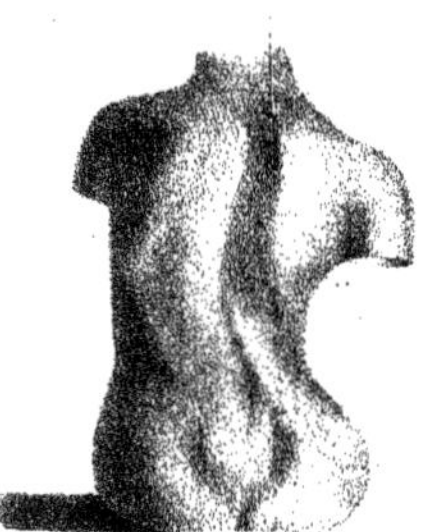

Cette figure nous représente une Demoiselle de
17 ans qui a voulu mouler sa taille dans un
corset, et en souffrant horriblement est devenu
telle que la figure V la représente.

F.VI.

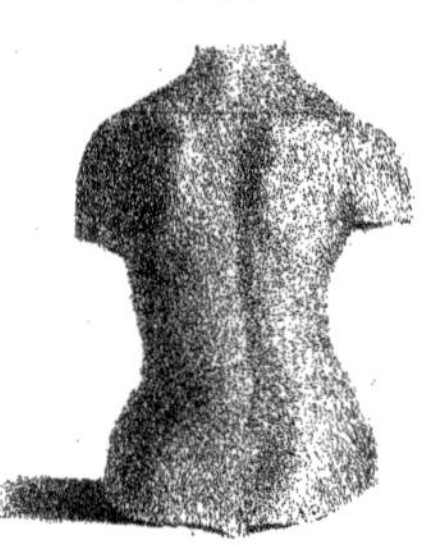

Cette Figure représente le sujet de la figure
V après un traitement gymnastique
de huit mois.

F.II.

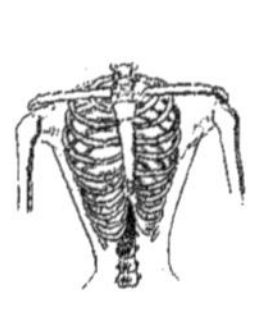

La Figure II nous montre la
triste position de la Charpente
Osseuse de la Figure 1re.

F.IV.

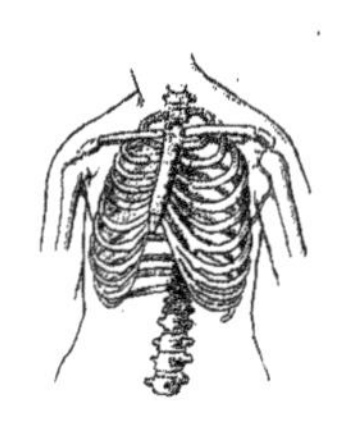

Cette Figure est le Squelette de la
Vénus de médicis dont les Os sont
restés dans leur position naturelle.

F.VII.

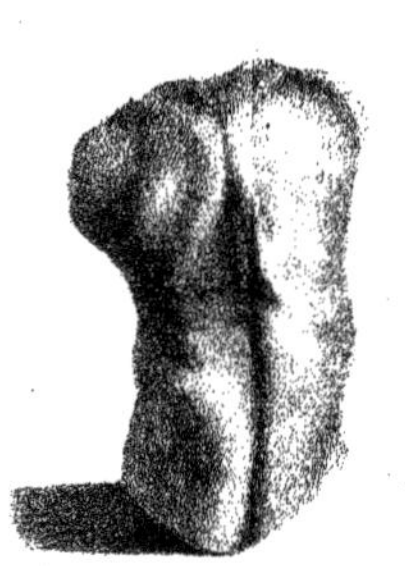

Cette Figure représente la poitrine d'une Demoiselle
de huit ans, que le travail trop prolongé du cerveau
a rendu malade, et dont le torse est devenu tel que
la figure le représente.

F.VIII.

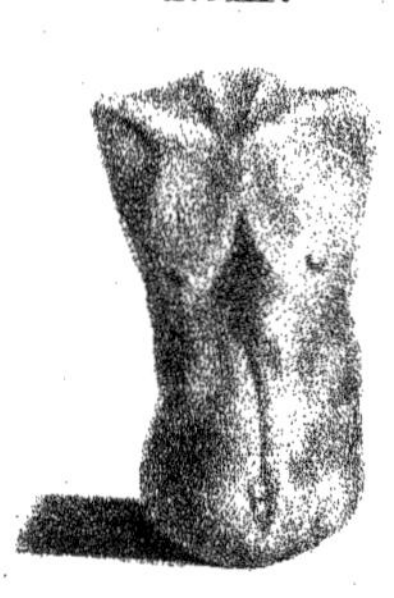

Cette Figure représente le même sujet
que la figure VII après huit mois
d'un traitement gymnastique.